GÉNÉALOGIE

DE LA FAMILLE

VEYRE DE SORAS

DANS LE HAVT

VIVARAIS

A LYON

CHEZ MOVGIN-RVSAND, IMPRIMEVR

5, Rue Stella, 5

M. D. CCC. LXXXXIV

GÉNÉALOGIE

DE LA FAMILLE

VEYRE DE SORAS

Au docteur Lacour

Hommage affectueux
de l'auteur

William Poidebard.

Tiré à petit nombre pour la famille.

GÉNÉALOGIE
DE LA FAMILLE
VEYRE DE SORAS
DANS LE HAUT
VIVARAIS

A LYON

CHEZ MOUGIN-RUSAND, IMPRIMEUR

3, Rue Stella, 3

—

M. D. CCC. LXXXXIV

PRÉFACE

ES *Veyre de Soras font originaires de la petite ville de Boulieu en Vivarais, où dès l'année 1480 on les trouve établis. Au XVIe siècle ils embras-sèrent le parti de la Réforme, mais à* la révocation de l'Édit de Nantes ils revinrent à la religion de leurs pères.

Le 11 octobre 1672, Siméon Veyre acquit le fief de Soras situé dans la paroisse de Saint-Cyr, &, son petit-fils Claude, pourvu d'une charge de secrétaire du roi près le Parlement de Pau, ennoblit ses descendants restés jusqu'à nos jours attachés au sol des aïeux.

La terre de Soras avec les domaines de la Pinée & de Fontanes avait été érigée en fief en faveur de noble Jean

de Barberon par contrats reçus Me Léorat, notaire royal,
des 14 août & 7 septembre 1619. Par ces actes, le mar-
quis de Saint-Chamond, seigneur de Thorenc, autorisait
ledit Jean de Barberon « de baftir une maifon avec
creneaux, cul de lampes, pigeonnier, garenne &
eftang, l'affranchiffant de toutes charges comme
courvée, guet & garde, gelinage, bouverage &
fiverage dans l'eftendue de 150 fefterées de terre
autour de fadite maifon, moyennant trois baraux
de vin, mefure de Thorenc, de rente annuelle. »
Déjà le 10 octobre 1541, Me Claude Barberon avait
obtenu quelques décharges fur fes poffeffions de Saint-
Cyr.

Vers le même temps la maifon noble de la Reclu-
fière entra dans la famille de Soras & plus récemment
Jeanne-Adélaïde de Barou de Canfon apporta à Gabriel
de Soras, fon mari, le château de la Lombardière, fitué
dans la commune de Davezieu, acquis le 28 octobre 1658,
de Pierre de Gamon, confeiller du roi & fon avocat au
fiège préfidial de Valence, par noble Jean Barou dont le
fils, noble Barthélemy Barou, confeiller du roi & fon
procureur en la ville d'Annonay, augmenta l'importance
par de nombreufes acquifitions.

GÉNÉALOGIE

DE LA

FAMILLE

VEYRE DE SORAS

I

Guillaume VEYRE, marié avant 1579 à demoifelle *Loyfe de FORNYER*, appartenait à la R.P.R.
Il était fils ou petit-fils de Mᵉ *Barthélemy Veyre*, qui
le 28 octobre 1522 avait dans fa maifon de Boulieu paffé une quittance de la dot de fa femme,
Jeanne Mondet, par devant J. de Rivo, notaire royal.
Guillaume Veyre (1) eut pour enfants :

---

(1) *Guillaume Veyre avait une fœur, Magdeleine Veyre, mariée
avant 1576 à Maître Barthélemy Androl, notaire royal, & deux
frères : Barnabé Veyre, bourgeois d'Annonay, marié à demoifelle*

1° *Barthélemy*, qui fuit.

2° *Jeanne*, baptifée le 21 octobre 1579.

3° Autre *Jeanne*, baptifée en 1590, mariée à maître André Chomel dont : *Ifaac Chomel*, baptifé le 27 novembre 1613 qui eut pour parrain noble *Ifaac Gaulier*, docteur ès droits.

4° *Eftienne Veyre*, baptifé le 21 feptembre 1592, époufa demoifelle *Marguerite de Lacou*, dont :

 1° *André*, baptifé le 30 août 1626.
 2° *Siméon*, baptifé le 24 décembre 1629.

II

Barthélemy VEYRE, baptifé le 21 novembre 1582, époufa demoifelle *Marie de JAME*, fille de

Jeanne Colombi, & *Barthélemy Veyre* qui eut de demoifelle *Marguerite Boulin* :
Siméon Veyre baptifé le 25 mars 1582, marié à demoifelle *Claudine de Colonjon*, dont :
Barthélemy Veyre, marié à demoifelle *Françoife Barou*, de laquelle il eut :
Siméon Veyre époufa, le 1er janvier 1679, demoifelle *Catherine Primet*, fille de noble *Jean Primet*, avocat au parlement & de demoifelle *Catherine de Brenas*.

M^e *Eſtienne Cholat de Jame* & de dame *Jeanne Androl.* De cette union ſont nés :

   1° *Siméon*, qui ſuit :

   2° *Guillaume*, né le 17 ſeptembre, baptiſé le 16 octobre 1611.

   3° *Barthélemy*, baptiſé le 24 novembre 1613.

   4° *Jeanne*, baptiſée le 10 février 1616.

   5° *Daniel*, baptiſé le 9 juillet 1623.

   6° *Marguerite*, baptiſée le 25 août 1624.

   7° *Marie*, baptiſée le 19 novembre 1625, eut pour parrain noble *Daniel de Cellier* & pour marraine demoiſelle *Jeanne de Quinſon*, épouſe de M. *Iſaac Dugas*, miniſtre du Saint-Evangile à Boulieu.

   8° *Pierre*, baptiſé le 18 février 1629.

III

Siméon VEYRE de SORAS acquit le fief de Soras, le 11 octobre 1672. Baptiſé le 10 ſeptembre 1620 dans le temple de Boulieu par M. Iſaac Dugas, il épouſa par contrat du 25 août 1655, reçu Me Jean Gourdan, notaire, demoiſelle *Magdeleine*

GUERIN, fille de Mᵉ *Louis Guérin*, notaire royal & procureur de la ville d'Annonay, & de dame *Jeanne Peyron*. Elle testa le 7 octobre 1715 par devant Mᵉ Chomel, notaire royal & élit sa sépulture dans l'église paroissiale dudit Annonay. Siméon Veyre par son testament, reçu Mᵉ Barlet, du 29 juillet 1684 avait élu sa sépulture dans le cimetière de Messieurs de la R. P. R. mais peu de temps après il revint à la religion catholique & le dernier avril 1696 par contrat reçu Mᵉ Guérin, il demandait d'être inhumé dans l'église paroissiale d'Annonay & faisait héritière sa femme. Ils eurent pour enfants :

1° *Siméon*, qui suit.

2° *Barthélemy* épousa par contrat du 20 janvier 1684, reçu Mᵉ Jean Guérin, notaire, demoiselle *Anne de Montchal*, fille de *Denis de Montchal*. En l'année 1686, il passa en Suisse & s'établit à Lauzane avec sa femme & une de ses sœurs. Sur les instances de leurs parents ils revinrent à Annonay où ils moururent dans la religion catholique sans postérité. Barthélemy Veyre avait testé le 13 mars 1739 faisant élection de sépulture dans l'église paroiſſiale d'Annonay & nommant héritier ſon neveu Claude de Soras. Anne de Montchal teſta le 20 janvier 1684 par devant Mᵉ Guérin & de nouveau le 19 août 1720 par devant Mᵉ Chomel faiſant héritier noble *François Demeure,* ſon neveu.

3º *Louis* épouſa par contrat du 14 février 1684 reçu Mᵉ Guérin demoiſelle *Magdeleine Albert,* fille de ſieur *Anthoine Albert* & de dame *Jeanne Montillon.*

4º *Catherine,* mariée par contrat du 24 juin 1681, reçu Mᵉ Guérin, à noble *Gédéon Leorat,* avocat en parlement, fils de Mᵉ *Eſtienne Leorat* & de demoiſelle *Françoiſe de Marſane de Fontjulliane.*

5º *Marie* épouſa par contrat du 8 mai 1695, reçu Mᵉ Guérin, en ſuite de la diſpenſe de N. S. P. le Pape du 13 janvier précédent, *François Johannot,* fils de *Jean Johannot de Fayas,* conſeiller du roi, tréſorier & receveur des tailles, & de dame *Marie Merle.*

IV

Siméon VEYRE de SORAS, revenu à la religion catholique avec fon père, tefta le 4 décembre 1726 devant Me Chomel, notaire, & élit fa fépulture dans l'églife d'Annonay. Il avait époufé par contrat reçu Me Guérin, du 23 octobre 1694, demoi-felle *Catherine PRIMET,* fille de Me *Melchior Primet* & de dame *Efther de Montchal,* de l'avis & confeil de noble *Ifaac de Montrond,* écuyer, fon beau-frère. Elle tefta le 2 juin 1737. De cette union font iffus :

1° *Claude de Veyre de Soras* qui fuit.

2° *Siméon,* marié à demoifelle *Barbe Boutaud,* tefta le 20 octobre 1744, devant Me Bla-chier, notaire à Tournon.

3° *Barthélemy* époufa par contrat, reçu Me Chomel, du 4 août 1732, demoifelle *Élifabeth Ravel,* fille de *Jean-Pierre Ravel,* bourgeois d'Annonay, & de dame *Anne Paret.*

4° *Louis,* légataire de fon oncle Barthélemy, par fon teftament du 13 mars 1739.

5° *Marie-Anne* époufa Mᶜ *Jean Chomel*, notaire royal de la ville d'Annonay.

V

Claude de VEYRE, écuyer, feigneur de *SORAS* confeiller fecrétaire du roi, maifon & couronne de France, tréforier de la chancellerie près le parlement de Pau & préfidiaux de fon reffort, tefta le 14 juillet 1769 & le 3 décembre 1785. Il avait époufé le 26 février 1737 par contrat, reçu Mᶜ Chomel, notaire, demoifelle *Jeanne FOURNAT* de la famille des feigneurs d'Ay & de Brézenaud, fille de *Vincent Fournat* & de dame *Anne Barou*. Elle mourut âgée de 67 ans, le 20 décembre 1779, ayant tefté le 6 mai 1777 en faveur d'Henri-François, fon fils, & laiffant pour enfants :

1° *Barthélemy de Soras*, qui fuit.

2° *Claude-Siméon Veyre de Soras*, écuyer capitaine-commandant la compagnie du lieutenant-colonel au régiment de la couronne, par brevet du 21 février 1775. Il mourut le 24 feptembre 1776, âgé de 36 ans.

3° *Henri-François de Veyre de Soras*, né le 23 avril 1751, dit le *chevalier de Prarond*, écuyer, chevalier de Saint-Louis, capitaine au corps royal de l'artillerie, servit dans l'armée des princes, de 1792 à 1801 & reçut du prince de Condé un certificat fort élogieux. Il mourut le 18 février 1830, ayant testé le 12 juillet 1818.

4° *Marie-Anne de Soras* épouse le 17 juillet 1765 *Charles Martel*, écuyer, chevalier de Saint-Louis, capitaine de dragons, originaire de la ville de Laon en Vermandois. Son fils habitait Saint-Quentin en 1830.

5° *Marie de Veyre de Sagneux* fit profession au couvent des Ursulines de Boulieu le 18 décembre 1759. Elle mourut à Annonay en nivôse an IV, âgée de 54 ans.

6° *Marie-Jeanne de Veyre des Croises* fit profession au couvent de Boulieu, le même jour que sa sœur.

7° *Marie-Magdeleine*, née le 8 décembre 1752, mourut en 1788.

8º *Élisabeth*, morte à Annonay, le 14 prairial an XI.

9º *Anne-Catherine*, morte le 11 décembre 1829.

VI

Barthélemy de VEYRE de SORAS, né le 9 mars 1738, mort à Annonay, le 22 janvier 1816, écuyer, chevalier de l'ordre royal & militaire de Saint-Louis par brevet du 29 mars 1782, capitaine de cavalerie, gendarme de la garde du roi, épousa par contrat, reçu Mᵉ Durand, notaire à Lyon, du 29 avril 1767, *Gabrielle de MONLONG*, fille de *Pierre de Monlong*, écuyer, échevin de la ville de Lyon & de dame *Anne Rousseau*. Gabrielle de Monlong mourut le 16 août 1832, laissant pour enfants :

1º *Henri-François*, qui suit.

2º *Jeanne-Pierrette-Gabrielle*, née à Annonay, le 7 février 1768, morte le 1ᵉʳ août 1836, épousa le 13 septembre 1790, noble *Michel de Morlas*, capitaine aux chasseurs corses, fils de noble *Jean-Jérôme de Morlas*, l'un des douze députés de Corse à

Baftia, & de dame *Marie-Urfule de Sali-
ceti.*

3° *Marie-Claudine,* née à Annonay, le 20
juin 1769, époufa le 20 floréal an XII,
contrat du 8, reçu Mᵉ Malgontier, *Amable
Jourda de Vaux,* fils de *Claude Jourda de
Vaux* & de dame *Magdeleine de la Roche-
negli de Chamblas.*

4° *Anne-Sophie,* née le 28 mars 1772, morte
le 18 mars 1831, époufa le 26 meffidor
an XIII, contrat du 24, *Jacques-Jofeph
Mercier de Malaval,* capitaine d'infanterie,
fils de *François-Silveftre de Malaval,*
écuyer, & de dame *Antoinette-Anne de
Boufquet.*

5° *Henri-Siméon,* né le 4 novembre 1774,
mort le 11 décembre 1776.

VII

Henri-François de VEYRE *de* SORAS, né à
Annonay, le 29 août 1778, mort le 11 août 1855,
avait époufé dans ladite ville, le 10 nivôfe an VII,
demoifelle *Anne-Marie-Louife* JOHANNOT, âgée

19 ans, fille de *François Johannot* & de dame *anne-Marie Perret*, dont :

1º *Gabriel-François-Barthélemy*, qui fuit.

2º *Louis-François*, né le 15 meſſidor an XII, mort le 25 fructidor fuivant.

3º *Henri-Jean*, né à Annonay, le 15 thermidor an XIII, mort le 23 mai 1809.

4º *Louiſe-Jeanne*, née le 2 mars 1810, épouſa le 26 novembre 1832, le *vicomte Antoine-Maurice de Chaignon*, fils de *Maurice-Théodule-Louis-Pierre-Philippe-Marc-Georges, vicomte de Chaignon*, & de *Marie-Catherine-Antoinette-Adélaïde de Quinel*, dont :

    A. *Henri, vicomte de Chaignon*, ancien officier, chevalier de la Légion d'honneur, marié à *Iſabelle de Nantes*, dont : *Marc*, *René*, *Marielle* & *Louis*.

    B. *Marie*, religieuſe du Sacré-Cœur, née en 1835, morte en 1879.

    C. *Aimée-Gabrielle*, née à Annonay, le 12 janvier 1837, mariée à *Erneſt Lorrain*.

5° *Jean-Marie-Alphonse*, auteur de la branche A qui suivra.

6° *Sabine-Françoise*, née le 29 décembre 1818, morte le 7 janvier 1880, avait épousé le 8 janvier 1844, *Prosper de Barrin*, fils de *Joseph-Prosper-Hippolyte de Barrin* & de *Geneviève-Joséphine Crottier de Chambonas*, dont : *Henri-Joseph-Hippolyte de Barrin*, né à Annonay, le 23 janvier 1846, marié le 28 janvier 1874 à *Louise-Sophie Gourd*, morte le 17 mai 1891, laissant un fils : *Gaston*, & trois filles : *Anne, Renée & Marie-Aimée*.

7° *Frédéric-Henri*, auteur de la branche B qui suivra.

VIII

Gabriel-François-Barthélemy VEYRE de SORAS, garde du corps de Monsieur, né le 14 novembre 1799, mort le 2 décembre 1873 à Annonay, y avait épousé, le 14 mai 1821, *Jeanne-Adélaïde de CANSON*, fille de *Anne-Jacques-Barthélemy Barou de la Lombardière de Canson*, chevalier de la Légion

d'honneur, créé pair de France, le 11 octobre 1832,
& d'*Alexandrine-Jacqueline de Montgolfier*. De cette
union sont nés :

1º *François-Alexandre-Arthur-Alfred*, qui suit.

2º *Alexandrine-Henriette-Émilie*, née le 28
avril 1822, morte le 16 septembre 1844.

3º *Anne-Louise de Soras*, née le 20 juin 1823,
mariée le 8 janvier 1850, à *Jacques-Albert
Gros*, avocat, né à Lyon, le 1er décembre
1819, fils de *Marc-Bernard Gros*, adjoint
au maire de Lyon, & de *Suzanne-Julie
Euzière*, dont :

A. *Jean-Marie-Marc-Georges*, né le 9
janvier 1851, marié le 25 juin
1878, à *Louise-Marie-Magde-
leine Guérineau*, née le 16 avril
1857, fille d'*Antoine-Primogène
Guérineau* & de *Marie-Joséphine
Noilly*, dont : *Georges-Marie-
Joseph-Albert*, né le 14 juin 1879,
& *Jacques-Antoine-Louis-Marie*, né
le 29 novembre 1885.

B. *Marie-Françoise-Émilie*, née le 8
novembre 1852, mariée le 25
mai 1880, à *Marie-Louis-Wil-*

liam Poidebard, chevalier de Saint-Grégoire-le-Grand, ancien volontaire aux zouaves pontificaux, campagne de 1867-68, ex-lieutenant aux mobiles de la Loire & officier d'ordonnance pendant la guerre franco-allemande 1870-71, fils de *Claude-Joseph-Gaspard Poidebard* & de *Anne-Marie Hervier de Romans*, dont :

a. *Anne-Marie-Ludomille-Victoire-Gabrielle*, née à Oullins (Rhône), le 22 avril 1881.

b. *Marie-Louis-Joseph-Gaspard-Robert*, né à Lyon, rue Sainte-Hélène, 33, le 30 mars 1883.

c. *Hugues-Marie-Georges-William*, né au Château de la Baftie (Loire), le 15 mars 1885, mort le 30 mars fuivant.

d. *Guy-Marie-Marc-Antoine-*

   Bernard, né à Oullins,
   le 6 feptembre 1889,
   mort le 8 août 1890.

C. *Marie-François-Gabriel*, né le 5 novembre 1854, marié le 1er feptembre 1887 à *Hélène-Marie-*
 Anne-Laurence Girodon, fille
 d'*Alfred-Marie-Jofeph Girodon*
 & de *Marie-Mathilde-Hélène*
 Sabran, dont :

  a. *Henri-Alfred-Marie*, né le
   8 octobre 1891.

  b. *Roger-Pierre-Marie*, né le
   6 août 1893.

D. *Marie-Louife-Stéphanie-Marguerite*,
 née le 13 août 1856, mariée le
 1er octobre 1883, contrat du
 18 août, à *Ifaïe-Louis-Marie Vin-*
 cent, alors capitaine au 24e régiment d'artillerie détaché à l'école
 fupérieure de guerre & actuellement chef d'efcadron, chevalier
 de la légion d'honneur, officier
 d'ordonnance du général duc
 d'Auerftaedt, dont :

1° *André*, né le 3 juillet 1884, mort à Lyon, 17 avril 1887.

2° *Marthe*, née le 4 avril 1886.

3° *Georges*, né le 10 août 1888.

4° *Pierre*, né le 10 décembre 1890.

E. *Jacques-Marie-Marc*, né le 12 septembre 1859.

F. *Georges-Vincent-Marie-Jacques*, né le 19 juillet 1862, marié le 3 juillet 1889 à *Antoinette Jaquemond*, fille de *André Jaquemond* & de *Louise Garçin*, dont :

a. *Marie-Louise*, née le 20 mars 1890.

b. *Germaine*, née le 29 juillet 1891.

4, 5, 6 & 7, *Henri, John, Alfred & Arthur de Soras*, morts en bas âge.

IX

François-Alexandre-Arthur-Alfred VEYRE de
SORAS, né le 14 novembre 1836, mort le 29 mars
1876, avait épousé le 18 avril 1861 *Appolonie-Char-*
lotte-Marie Peillon, née à Lyon le 6 juin 1837, fille
de *François-Joseph Peillon*, mort le 31 janvier 1888
et de *Marie-Louise-Léonie Dupin*, morte le 30 septembre 1890, dont :

1º *Marie-Louis-François-Régis*, né le 19 novembre 1869.

2º *Marie-Louis-Alfred-Joseph*, né le 2 mai 1872.

3º *Marie-Françoise-Marthe*, née le 24 août
1874.

BRANCHE A

VIII

Jean-Marie-Alphonse VEYRE de SORAS, né à Annonay, le 9 mars 1814, mort le 23 novembre 1880 avait épousé le 10 novembre 1846, *Émilie-Frédérique-Marie de VAUGELET*, morte le 22 octobre 1851, fille de *Félix de Vaugelet* & *d'Élisabeth de Vaugelet*. Il se remaria avec sa belle-sœur, *Françoise-Félicie-Pauline de Vaugelet* & eût pour enfants :

Du premier lit.

1º *Henriette-Émilie-Isabelle*, née le 8 janvier 1848, mariée le 10 août 1867 à *Eugène Clavel de Veyrans*, fils de *Jean-Henri-Eugène Clavel de Veyrans* & de *Éléonore-Adèle Blache*.

2º *Henri-Émile-Félix*, né le 3 août 1850, mort le 9 août 1851.

3º *Louise-Félicie-Blanche*, mariée le 27 juillet 1874 à *Henri de Faucher*, lieutenant au 93ᵉ d'infanterie, actuellement chef de bataillon au 97ᵉ régiment territorial, chevalier de la Légion d'honneur, fils d'*Adrien-Joachim de Faucher* & d'*Athénaïs Morel*, de Bolène, dont neuf enfants; *Henri, Pierre, Félix, Adrien, Marguerite, Jeanne, Marie, Isabelle* & *Marie-Thérèse*.

4° *Françoise – Théodule – Marguerite*, née le 25 novembre 1851, religieuse carmélite à Lons-le-Saulnier.

Du 2ᵉ lit.

5° *Gabriel-Émile-Henri*, né le 25 décembre 1855.

———

BRANCHE B

VIII

Frédéric-Henry VEYRE de SORAS, né le 30 septembre 1820, épousa le 5 avril 1850, à Lyon, Noëmi GRANGIER, fille de *Noël Grangier* & de *Mérine Montaland*, dont :

1° *Louis-Henry-Albert*, qui suit.

2° *Clary-Claudine-Gabrielle*, née le 29 décembre 1852, mariée le 15 juillet 1878, à *René Finaz*, fils de *Victor Finaz* & de *Louise Chaland*, dont :

A. *Victor*, né le 9 juin 1879.

B. *Marie-Louise*, née le 24 avril 1881.

C. *Joseph*, né le 15 juillet 1883.

IX

Louis-Henry-Albert VEYRE de SORAS, né le 29 février 1851, marié le 8 août 1876, à *Marguerite COSTE*, fille de *Louis Coste* & d'*Antoinette Perraut*, dont :

1° *Marie-Antoinette*, née le 16 juillet 1881.

2° *Henry*, né le 10 juillet 1891.

Ascendants de Jeanne-Adélaïde de CANSON,

femme de M. de SORAS.

I

Barthélemy Barou, conseiller du roi & son procureur au baillage d'Annonay, marié le 20 janvier 684, à demoiselle *Marie Rouzier*, dont :

II

Jean de Barou, écuyer, seigneur de la Lombarlière, secrétaire du roi près le parlement de Pau, par lettre du 31 juillet 1747, testa le 14 février 1763 devant Me Presle, notaire royal. Il avait épousé, le 5 février 1713, demoiselle *Jeanne Barou*, sa cousine, fille de *Louis Barou* & d'*Élisabeth Lamanon* (paroisse Sainte-Croix de Lyon), dont :

III

Barthélemy de Barou, seigneur de la Lombardière & de Canson, lieutenant au baillage d'Annonay, marié le 12 novembre 1747, à demoiselle *Dorothée-Marguerite de Saignard de Canson*, fille de *Joseph de Saignard*, écuyer, & d'*Élisabeth de Vogüé*, dont :

IV

Jacques-Jean-Baptiste de Barou, chevalier, seigneur de la Lombardière & de Canson, marié le 1ᵉʳ juin 1773, à demoiselle *Marie-Anne Léorat*, fille de *Pierre Léorat* & de dame *Jeanne Alléon*, dont :

V

Anne-Jacques-Barthélemy Barou de Canson de la Lombardière, né à Annonay, le 7 mai 1774, chevalier de la Légion d'honneur, pair de France, le 11 octobre 1832, mort le 21 octobre 1859, avait épousé, le 30 vendémiaire an VII, *Alexandrine-Jacqueline de Montgolfier*, fille d'*Étienne-Jacques de Montgolfier*, chevalier de l'ordre du roi & de *Marie-Anne-Claudine-Justine-Adélaïde Bron*, dont :

VI

Jeanne-Adélaïde de Canson, mariée à *François-Gabriel de Soras*.

scendants de Marguerite de CANSON,

épouse de M. de la LOMBARDIÈRE.

I

Jean de Saignard, écuyer, fut nommé premier
uyer du roi Charles VII, par lettres du 29 avril
39.

II

Jean de Saignard, écuyer, marié à *Jeanne de Tho-*
le.

III

Antoine de Saignard, seigneur de Mortesaigne,
ta le 24 janvier 1533, devant Me Bouffard,
taire de Glavenas. D'*Ysabeau de Saint-Laurent* sa
nme, il eut :

IV

Pierre de Saignard, écuyer, co-feigneur de Mor-
tefaigne, époufa par contrat du 18 novembre 1550,
reçu G. Gouzin, notaire royal au diocèfe du Puy,
Suzanne, fille de noble *Amblard de Bonniffolle*,
dont :

V

Céfar de Saignard, écuyer, feigneur de Glavenas,
Queyrière, &c., capitaine de 200 hommes de
pied, par commiffion du 4 avril 1590, époufa par
contrat, reçu François Doron, notaire royal,
le 14 mai 1589, *Claude de Langon*, fille de *Claude-
Paul de Langon*, feigneur de Maumeyre & de *Claude
de Bonnier*.

VI

Jean-Baptifte de Saignard, feigneur de Glavenas
& de Canfon, marié par contrat du 14 janvier 1636,
reçu Jean Perrier, notaire royal, à *Marguerite de la
Rivoire*, fille de noble *Jean-Baptifte de la Rivoire* &
de *Suzanne de Croffolier*. Il fut maintenu dans fa
nobleffe, le 20 décembre 1668. Il eut pour fils :

VII

Joseph de Saignard, écuyer, seigneur de Canson, marié par contrat du 14 novembre 1693, reçu Tremolet, notaire royal, à *Isabeau de Vogué*, fille de messire *Louis de Vogué*, chevalier, & de *Magde-ine de Royrau de Villard*, dont :

VIII

Marguerite-Dorothée de Saignard de Canson, femme de *Barthélemy de Barou*, seigneur de la ombardière.

www.ingramcontent.com/pod-product-compliance
Lightning Source LLC
Chambersburg PA
CBHW071428030726
47594CB00006B/2633